LES AMOURS DÉGUISEZ,

BALET,

Remis au Théatre le 12. Septembre 1726.

Le prix est de 40. sols.

A PARIS,

Chez la Veuve de PIERRE RIBOU, seul Libraire de l'Académie Royale de Musique; Quai des Augustins, à la descente du Pont-Neuf, à l'Image S. Loüis.

M. DCC. XXVI.

Avec Approbation & Privilege du Roy.

Acteurs & Actrices chantans dans tous les Chœurs
du Prologue & du Balet.

CÔTE' DU ROY.	CÔTE' DE LA REINE.
Mesdemoiselles	Mesdemoiselles
Kercoffen.	Millon.
Dun.	La Roche.
Antier-C.	Tettelette.
Souris-C.	Charlard.
Julie.	Perignon.
Dutilliée.	Gentilhomme.

Messieurs	Messieurs
Flamand.	Morand.
Bremond.	Le Myre-L.
Saint Martin.	Valentier.
Loüette.	Bertin.
Buzeau.	Dautrep.
Deshayes.	Corail.
Duplessis.	Duchêne.
	Houbeau.

a ij

ACTEURS CHANTANS
DU PROLOGUE.

VENUS,	Mlle Pelliffier.
MINERVE,	Mlle. Minier.
BACCHUS,	Mr. Lemyre.
Un Plaifir,	Mr. Cuvilier.
Un Satyre,	Mr. Dun.
Une Amante,	Mlle Julie.

ACTEURS DANSANS
DU PROLOGUE.
Amants & Amantes.
Meffieurs Dumoulin 2. Dumoulin 3.
Mefdemoifelles Petit, Thybert.
Plaifirs en Matelots.
Monfieur Laval.
Meffieurs Dangeville, Maltaire-L. , Savar.
Graces en Matelottes.
Mefdemoifelles Carbon, Delifle-C. , Goblain.
Faunes & Dryades.
Meffieurs Pierret, Lallé, Tabary.
Mefdemoifelles Duval, Lemaire, Verdun.

ACTEURS CHANTANS
DU BALET.

PREMIERE ENTREE.

DIOMEDE, *Roi d'Etolie*, Mr. Chaffé.

PHAETUSE, *Fille du Soleil*, Mlle. Antier.

DIRCE', *Nymphe*, Mlle. Souris.

Une Habitante de l'Ifle de Phaëtufe, Mlle. Julie.

Le Grand Sacrificateur du Soleil, Mr. Cuvilier.

II. ENTREE.

OENOME, *Nymphe*, Mlle. Peliffier.

ISMENE, *Nymphe*, Mlle. Minier.

PARIS, *Berger, Fils de Priam*, Mr. Murayre.

Une Bergere, Mlle Ermans.

III. ENTRE'E.

OVIDE, *Chevalier Romain*,	Mr. Chaſſé.
JULIE, *Fille d'Auguſte*,	Mlle Antier.
ALBINE, *Dame Romaine*,	Mlle Souris.
Un Scythe,	Mr. Lemyre.
Une Bohëmienne,	Mlle. Minier.

ACTEURS DANSANS
DU BALET.

PREMIERE ENTRE'E.
GRECS.

Monsieur Maltaire-C.
Messieurs Lallé, Pierret, Savar, Picard.

NYMPHES.

Mesdemoiselles Delisle-L., Duval, Pety,
Thibert.

SECONDE ENRTE'E.
BERGERS & BERGERES.

Mademoiselle Menés.
Messieurs Dumoulin-3., Dangeville, Savar, Dumoulin-L.
Maltaire-L., Picard.
Mesdemoiselles Duval, Thibert, Lemaire, Verdun,
Carbon, Sophie.

UN PARTHE.

Monsieur Dumoulin-2.

TROISIE'ME ENTRE'E

HABITANTS DE L'ISLE DE CHYPRE.

Messieurs Dumoulin-3., Dangeville, Maltaire-L.,
Mesdemoiselles Duval, Carbon, Thibert.

INDIENS, INDIENNES.

Mademoiselle Delisle-L.

Monsieur Lallé, Mademoiselle Pety.

SCYTHES.

Monsieur Dumoulin-4.
Messieurs Laval, Maltaire-C.
Messieurs Dumoulin-L., Savar, Pierret, Tabary,
Picard, Javilliers.
Mesdemoiselles Goblain, Sophie, Delisle, Lemaire,
Verdun.

PROLOGUE.

Le Theatre represente un Port de Mer où la Flotte des
Amours est prête à faire voile pour l'Isle de Cythere.
Venus est accompagnée des Jeux & des Plaisirs dé-
guisez en Matelots.

VENUS.

MANS rassemblez-vous dans ce charmant
    séjour,
  Embarquez-vous, suivez le tendre amour.
Il va recompenser votre perseverance,
  Il veut acquitter en ce jour
  Les promesses de l'esperance,

Amans raſſemblez-vous dans ce charmant séjour,
Embarquez-vous, ſuivez le tendre amour.

Les Amans de diverſes Nations accourent à la voix de Venus,
enchaînez avec des Guirlandes de fleurs.

CHOEUR des *Amours.*

Allez, allez deſcendre aux rives de Cythere,
Le tems rit à vos vœux, craignez de le manquer.

CHOEUR des *Amans.*

Allons, allons deſcendre aux rives de Cythere,
Le tems rit à nos vœux, craignons de le manquer.

CHOEUR des *Amours.*

Mais prenez ſoin d'embarquer
L'objet qui vous a ſçu plaire.

CHOEUR des *Amans.*

Mais prenons ſoin d'embarquer
L'objet qui nous a ſçu plaire.

Divertiſſement des Amans mêlez aux Plaiſirs déguiſez
en Matelots.

UNE AMANTE.

Ne craignons point de quitter le rivage,
Le tendre Amour écoute nos ſoupirs;
Ce Dieu charmant dans le plus rude orage
Nous fait encor éprouver des plaiſirs,

Et nous aimons les peines du voyage
Quand le Port même échappe à nos defirs.

Bacchus fuivi des Satyres & Bacchantes vient offrir fon
fecours aux Amans.

BACCHUS.

Senfibles cœurs qui craignez le naufrage
Ne vous repofez pas fur les foins de Venus;
Voulez-vous être heureux quand l'Amour vous en-
    gage,
Embarquez avec vous les prefens de Bacchus.

Amans verfez du vin dans vos plus belles fêtes,
Son fecours quand on aime eft toujours de faifon,
    Tandis qu'Amour avance fes conquêtes
      Bacchus amufe la Raifon.

UN SATYRE.

Que d'exploits
L'Amour doit à la treille!
Il a fçu cent fois
Choifir le verre & la bouteille
Pour fon carquois.
Sans Bacchus l'Amour a des allarmes,
Sans l'Amour Bacchus a moins de charmes,
Il faut les fervir tous deux
Pour être heureux,

12
Quand ces Dieux ont réüni leurs armes,
Non, rien n'est si doux
Que d'éprouver leurs coups.

VENUS.

Partez, heureux Sujets de l'Empire amoureux,
Venez être témoins de nos aimables fêtes,
Qu'à vos yeux en ce jour un spectacle pompeux
Des Amours déguisez retrace les conquêtes.

CHOEUR.

Volez, Zephirs, conduisez-nous
Et calmez l'Empire de l'Onde.
Allons, allons gouter les plaisirs les plus doux
Dans les plus beaux climats du monde.

*Ils suivent tous Venus & les Plaisirs & vont s'embarquer
avec eux.*

FIN DU PROLOGUE.

LES

LES AMOURS DEGUISEZ,
BALLET.

PREMIERE ENTRÉE.
LA HAINE.

*Le Théatre représente un Temple antique du Soleil;
au fonds d'un desert; on voit la Mer dans l'éloigne-
ment.*

SCENE PREMIERE.
DIOMEDE seul.

U E la feinte & le silence
Augmentent la violence
Des tourmens d'un tendre cœur !

A

Contraint de cacher mon ardeur
J'affecte d'éviter le cher objet que j'aime,
L'amour qui cause ma langueur
En est le confident lui-même.
Je ne me plains qu'à lui de sa rigueur.
Que la feinte & le silence
Augmentent la violence
Des tourmens d'un tendre cœur!

Mais c'est trop écouter une vaine tendresse,
Les Grecs impatiens veulent revoir la Grece,
Je n'entends que des vœux qui condamnent les miens,
Diomede est-ce à toi d'aimer une Déesse,
Fille d'un Dieu protecteur des Troyens?
Elle vient, évitons son courroux légitime,
Ciel! pourrrai-je à ses coups ravir une victime
Qu'enchaînent de si beaux liens?

SCENE II.

PHAETUSE, DIRCE', suite de Phaetuse.

PHAETUSE, *à sa suite.*

C'En est fait, il est tems d'immoler à mon Pere
　　Les Grecs objets de son courroux;
Ministres de ma haine empressez à me plaire,
Rassemblez ces Guerriers, livrez-les à mes coups.

*La suite de Phaetuse sort pour
executer ses ordres.*

DIRCE'.

Quel funeste dessein ! Dieux ! quel Arrêt severe !

PHAETUSE.

Non, non, le Dieu du jour n'est pas assez vangé.
Il est tems que la rage à la douceur succede,
Immolons les Vainqueurs d'Illion ravagé,
Commençons par leur mort celle de Diomede.

DIRCE'.

Souvenez-vous des maux qui l'ont persecuté.

PHAETUSE.
'Souviens-toi seulement de sa témerité,
　　Elle est l'excuse de ma rage;

Souviens-toi qu'il surprit cette fatale image
Qui des murs d'Illion faisoit la sureté.

Que pour expier leur victoire
Les Grecs perissent dans ces lieux,
Et faisons-leur pleurer la criminelle gloire
De renverser des murs élevez par les Dieux.

DIRCE'.

Depuis qu'un terrible naufrage
Vous a livrez ces malheureux Vainqueurs,
Par vos soins chaque jour de nouvelles douceurs
Les enchantent sur ce rivage.

PHAETUSE.

Ah ! pour mieux me vanger j'amuse leurs desirs,
Ils doivent ce repos à ma haine inflexible,
Est-il une mort plus terrible
Que celle qui fuit les plaisirs ?
Mais le fier Diomede a trompé ma vangeance,
Rien ne l'occupe sur ces bords,
J'ai fait pour le charmer d'inutiles efforts,
Je le voi chaque jour éviter ma presence....
Je sçai même, je sçai qu'il veut quitter ces lieux...
Croit-il donc m'échapper ce Grec audacieux ?
Je ne puis t'exprimer la haine qu'il m'inspire.
Non, tout mon cœur n'y peut suffire ;
S'il avoit pû m'aimer, ô Dieux !
Ma vangeance eût été parfaite,

DEGUISEZ.

Que j'aurois triomphé, Dircé, de sa défaite !
Un mépris éclatant de sa plus vive ardeur
Eût été sa premiere peine.

DIRCE'.

Je reconnois enfin son crime, & votre haine.

PHAETUSE.

Je ne puis trop punir sa superbe froideur.

DIRCE'.

Que l'indifference
Outrage la beauté !
Elle ne peut en pardonner l'offense ;
Un témeraire amour blesse moins sa fierté
Que l'indifference.

PHAETUSE.

Connois mieux ma juste fureur.

DIRCE'.

Sous les traits empruntez de l'affreuse vangeance
Le dépit seul déchire votre cœur.

Le dépit & la haine ont le même langage,
Mais le dépit est enfant de l'Amour.
Une fiere beauté qu'un insensible outrage,
S'y méprend souvent plus d'un jour :
Le dépit & la haine ont le même langage,
Mais le dépit est enfant de l'Amour.

PHAETUSE.

Tu crois qu'au foible amour j'ai cedé la victoire...
Mais je vois les Grecs enchaînez ;
Commençons les tourmens qui leur sont destinez,
Dircé je vais bien-tôt justifier ma gloire.

SCENE III.

PHAETUSE, DIRCE', *Sacrificateurs du Soleil,
suite de Phaetuse, Grecs enchaînez.*

PHAETUSE.

Ministres du Soleil attentifs à ma voix ;
    Ecoutez & suivez mes loix.
Vangez le Dieu du Jour, vangez le Dieu de l'Onde,
Les Grecs sont dés long-tems l'objet de leur courroux,
    Que votre zele au mien réponde,
Prêtez aux immortels votre bras & vos coups.

    Que la terre tremble & fremisse,
Que l'Onde en mugissant s'éleve jusqu'aux Cieux.
    Que l'Univers applaudisse
    A la vangeance des Dieux.

CHOEUR.

Eclatez bruyant Tonnerre,
Secondez nos cris affreux,

Lancez , lancez fur la terre
Vos plus redoutables feux.

SCENE IV.

PHAETUSE, DIRCE', *Sacrificateurs du Soleil,*
fuite de Phaetufe , les Grecs enchaînez , DIOMEDE.

Les Sacrificateurs fe difpofent à immoler les Grecs.

DIOMEDE.

Barbares arrêtez , portez-moi tous les coups
   De la rage qui vous anime ;
   Je fuis la feule victime
   Digne de votre courroux.
Hâtez-vous , c'eft mon fang que vous devez répan-
   dre,
Ne vangez que fur moi le plus brillant des Dieux ,
   Je l'offenfe plus dans ces lieux
   Que fur les rives du Scamandre.

PHAETUSE.

Et ! quel crime nouveau venez-vous déclarer ?

DIOMEDE.

Pouvez-vous encor l'ignorer ?
Je ne viens l'avoüer que pour hâter ma peine,
Ce crime que mon cœur augmente chaque jour.

Si vous me devez votre haine
Songez que tous les cœurs vous doivent de l'amour.

PHAETUSE.

Ciel ! quel aveu m'ofez-vous faire ?
Et qu'ofez-vous en efperer ?

DIOMEDE.

Vous n'auriez jamais fçu mon ardeur témeraire
Si je n'étois prêt d'expirer ,
Ah ! qu'à ce prix la mort m'eft chere.

PHAETUSE.

Oubliez-vous mon rang , ma haine , ma fierté ?
Votre amour contre vous me prête encor des armes.

DIOMEDE.

Se fouvient-on du rang lorfqu'on voit la beauté ;
Non , un cœur prés de vous ne penfe qu'à vos char-
mes.
Terminez mon crime & mon fort ,
Mon feu vous offenfe & m'accable.
Quoi me trouvez-vous trop coupable
Pour me donner la mort ?

LE SACRIFICATEUR *à Phaetufe.*

Ah ! c'eft trop differer le fanglant Sacrifice
Que les Dieux attendent de vous ;
Immolons Diomede à leur jufte courroux ,
Son crime a trop long-tems évité le fupplice…

Vous

Vous tremblez ! eſt-ce ainſi que vous ſçavez haïr ?
Un moment a changé votre cœur implacable ;
Allons, n'écoutons pas une pitié coupable ;
   Vous imiter, ce ſeroit vous trahir,
Frappons . . . .

P H A E T U S E.

Arrête.

LE SACRIFICATEUR.
O Ciel ! que faites-vous ?

P H A E T U S E.

Barbare,
Arrête ; la pitié ſuccede à mon courroux :
Miniſtres de ma haine, allez, retirez-vous.

Les Sacrificateurs, & la ſuite de Phaëtuſe ſortent.

Qu'ai-je fait ? quel tranſport de mon ame s'empare ?
Ma fierté m'abandonne, & ma raiſon s'égare . . .
   Mon captif devient mon vainqueur.
Je voudrois vainement cacher mon trouble extrême,
Que ne vous diſent pas mes ſoupirs...ma langueur ?...
Quelques coups qu'ait voulu vous porter ma fureur,
   Vous êtes vangé . . . je vous aime.

DIOMEDE.

Belle Déeſſe, ô Ciel ! ô deſtin trop heureux !
   Quoi, vous m'aimez ! quoi, l'Amour me diſpenſe
B

Un bien que jaimais l'esperance
N'eût osé promettre à mes vœux !

PHAETUSE.

L'Amour nous trompoit l'un & l'autre,
A quoi m'expofoit-il par fon déguifement ?
Je n'ai connu mon cœur qu'au funefte moment
Où je voulois percer le vôtre.

DIOMEDE.

Ah, quel heureux danger! que mon fort eft char-
ment!
Comment vous exprimer le doux raviffement
De mon ame contente?
Je ne puis que fentir le bonheur qui m'enchante.

DIOMEDE ET PHAETUSE.

Viens affurer par tes plus doux attraits,
Et notre bonheur & ta gloire :
Amour, fais durer à jamais
Et nos plaifirs & ta victoire.

PHAETUSE.

Changez, changez trifte féjour
Comme les tranfports de mon ame ;
Devenez digne de l'amour,
Et du cher objet qui m'enflâme.

SCENE V.

Le Théatre change, & represente un Palais magnifique.

PHAETUSE, DIOMEDE, DIRCE', GRECS,
suite de Phaëtuse, Nymphes & Habitans de son Isle.

PHAETUSE.

VEnez, Nymphes, venez, abandonnez vos bois,
Par vos chants, par vos jeux, marquez-moi vo-
tre zele ;
Accourez, unisez vos voix,
Celebrez de l'Amour la victoire nouvelle.

UN HABITANT *de l'Isle de Phaëtuse.*

Amours, lancez vos feux,
Profitez de ce jour heureux,
Volez, augmentez vos conquêtes,
Embellissez nos fêtes,
Regnez, brillez, Plaisirs & Jeux.
Amours, lancez vos feux,
Profitez de ce jour heureux,
Volez, augmentez vos conquêtes.

SECONDE ENTRÉE.[1]

L'AMITIÉ.[1]

Le Théâtre represente un Vallon au pied du Mont Ida, où les Bergers d'alentour doivent s'assembler pour celebrer le retour du Printems. La nuit cache encore les beautez de ce lieu champêtre.

SCENE PREMIERE.

PARIS *seul.*

Aisible Nuit, suspendez votre cours,
Laissez regner encor le silence & les ombres.
Hélas! les malheureux Amours
Préferent vos nuages sombres
A la clarté des plus beaux jours.

Paisible Nuit, suspendez votre cours,
Laissez regner encore le silence & les ombres.

Le jour naissant interrompt les plaintes de Pâris, & éclaire
le bocage témoin de ses soupirs.

Mais quel éclat frappe mes yeux !
Quoi déja dans les Cieux
On voit briller l'Aurore ?
Les fleurs s'empressent d'éclore,
Et d'embellir ce séjour,
Où nous allons bien-tôt celebrer le retour
De la saison de Flore.

On entend un concert de petites flutes qui imitent le chant
des oiseaux éveillez par l'Aurore.

Mille oiseaux rassemblez qui volent dans les airs,
Par leurs aimables chants préviennent nos concerts.

O vous, pour qui l'Amour n'a que de douces chaînes,
Tendres oiseaux, vous me rendez jaloux;
Vous chantez vos plaisirs, que votre sort est doux !
Je n'ose, helas ! me plaindre de mes peines.

SCENE II.

PARIS, ISMENE.

ISMENE.

QUoi, lorſque du Printems qui nous rend les plaiſirs,
Nous allons celebrer le retour & les charmes ;
Vous vous livrez toujours à d'injuſtes allarmes ;
Troublerez-vous nos jeux par vos triſtes ſoupirs ?

PARIS.

C'eſt ſeulement dans ce séjour champêtre
Que je leur permets d'éclater ;
Hélas ! l'objet qui les fait naître,
Ne daigne pas les écouter.

ISMENE.

L'hommage de Pâris devroit flater ſa gloire....

PARIS.

Non, la Nymphe en ſecret rougit de ſa victoire,
Que ſa fierté doit m'outrager !

J'ignore, il eſt vrai, ma naiſſance,
Mais, c'eſt à mon cœur d'en juger ;

DEGUISEZ.

Je fens que je ne fuis berger
Que par ma fincere conftance.

Eh ! que me fert, helas ! tant de perfeverance !
Pour les maux d'un Amant, Enone eft fans pitié,
Elle n'offre à mes feux que la froide amitié,
C'eft un nom qu'elle donne à fon indifference.

ISMENE.

C'eft un nom qu'emprunte l'Amour,
Pour le bonheur d'Enone il la trompe en ce jour.

Un amour déguisé n'en eft que plus aimable.
Lorfqu'il ne veut pas fe nommer,
Il ne paroît pas redoutable,
Nous l'aidons à nous defarmer ;
Un Amour déguisé n'en eft que plus aimable.

PARIS.

Connoiffez mieux Enone & fon fuperbe cœur ;
Elle m'ordonne, hélas ! d'éteindre mon ardeur.
Ah ! que j'obéïs mal à cette loi fevere !
Je fens bien que mon cœur la veut toujours trahir,
Dûffai-je de la Nymphe attirer la colere...

ISMENE.

Si vous craignez de lui déplaire,
Gardez-vous bien de lui mieux obéïr.

Mais voulez-vous pénétrer dans fon ame,
Feignez de reffentir une nouvelle flâme.

PARIS.

Moi paroître inconſtant! quel remede fatal!
Mon cœur pourra-t-il ſe contraindre ?
Dieux ! qu'il m'en coutera pour feindre,
Et que je feindrai mal !

ISMENE.

Cherchez à vous guerir, ou ceſſez de vous plaindre,

Amans, lorſque l'objet qui vous a ſçu toucher,
Vous déguiſe l'ardeur dont ſon ame eſt ſaiſie ,
Feignez qu'un nouveau nœud vient de vous attacher;
L'impetueuſe j'alouſie
Sçait démaſquer l'Amour qui cherche à ſe cacher.

PARIS.

Eh! bien, à vos conſeils mon ame s'abandonne,

ISMENE.

Je voi paroître Enone;
Pour calmer votre cœur, rendez le ſien jaloux;
Heureux ſi votre feinte attire ſon courroux.

SCENE III.

SCENE III.
PARIS, ENONE.

PARIS.

VOus ne voulez de moi qu'une amitié parfaite,
Enone, ç'en eſt fait, vous ſerez ſatisfaite.

Vous ne vous plaindrez plus des tranſports de mon
      cœur
    Je viens de briſer vôtre chaîne,
    L'Amour m'offre un nouveau vainqueur
Floriſe vous défait d'un amant qui vous gêne.

Quoi pour vous obéïr je briſe un nœud charmant,
    Et vous évitez ma preſence !
D'un ſi grand ſacrifice eſt-ce la recompenſe ?

ENONE.

    Non, je ne puis le payer dignement . . ,
Volage ! vous avez trahi mon eſperance,
C'étoit à la raiſon non pas à l'inconſtance
    A triompher de vôtre amour.
Ah ! que j'ai mal connu Pâris juſqu'à ce jour !

PARIS.

Je ferois plus conftant fi vous étiez plus tendre ;
Mais un Cœur prés de vous n'ofe pas foupirer,
Un amant n'a rien à prétendre,
Je languirois fans efperer,
Je ferois plus conftant fi vous étiez plus tendre.

ENONE.

Ingrat ! peut - être un jour .... mais que lui vais-je
apprendre ?

PARIS.

Quelle vive douleur peut ainfi vous troubler ?

ENONE.

Si tu ne l'entends pas, elle doit redoubler.

Eh bien ! voi tout l'excés de l'ardeur qui m'anime,
Je ne puis le diffimuler
Sans te cacher tout l'excés de ton crime :
Perfide tu démens tes foupirs & ta foi
Quand tu connois que je t'adore …
Que dis-je ? non jamais tu n'as brûlé pour moi ;
Si tu fçavois aimer tu m'aimerois encore :
Je n'ai pas cru jufqu'à ce jour
Sentir une flâme fi tendre ;

Mais quand mon cœur trompé méconnoiſſoit l'A-
mour,
Ingrat ! devois-tu t'y méprendre !

PARIS.

Belle Enone, eſt-il vrai ? vous partagez mes feux ?
Ma feinte a donc ſervi les plus doux de mes vœux.
Que vôtre courroux eſt aimable !
Il m'apprend que je ſuis heureux,
Les ſinceres tranſports de mon cœur amoureux
Vous diſent qu'il n'eſt pas coupable.

ENONE.

Quoi vous m'aimez toûjours ?

PARIS.

Puis-je changer jamais ?
Non, fiez-vous à vos attraits.

Prés de vous les beautez même les plus nouvelles
Perdent le plaiſir de charmer,
Et les cœurs que l'Amour engage à vous aimer
Perdent le droit d'être infidelles.

C ij

ENONE.

Je méprisois l'Amour & l'Amour irrité
        Pour me punir de ma fierté,
        Dans ses aimables nœuds m'engage.
        Ah ! que mon supplice a d'appas !
        Si l'Amour ne se vangeoit pas
        Il me puniroit davantage.

PARIS & ENONE.

        Regne à jamais sur nos cœurs,
        Amour, fais briller tes charmes,
        Plaignons, plaignons les Vainqueurs
        Qui triomphent de tes armes.

On entend des hautbois qui annoncent la fête du retour du
Printems.

ENONE.

La fête amene ici les Bergers d'alentour.
Du Printems avec eux celebrons le retour.

SCENE IV.

PARIS, ENONE, ISMENE,

Bergers, Bergeres & Paſtres.

ISMENE.

Ramene les feüillages,
Les fleurs & les zephirs,
Printems ſous tes ombrages
Viens cacher nos plaiſirs.

CHOEUR.

Ramene les feüillages,
Les fleurs & les zephirs,
Printems ſous tes ombrages
Viens cacher nos plaiſirs.

ISMENE.

A l'Univers tranquile
Que parent tes attraits,
De l'Automne fertile
Annonce les bienfaits.

C iij

CHOEUR.

Ramene les feüillages,
Les fleurs & les zephirs,
Printems sous tes ombrages
Viens cacher nos plaisirs.

ISMENE.

Tout semble fait pour plaire,
Printems quand tu parais,
Et le Dieu de Cythere
Est plus seur de ses traits.

CHOEUR.

Ramene les feüillages,
Les fleurs & les zephirs,
Printems sous tes ombrages
Viens cacher nos plaisirs.

I. BERGERE.

Les Bergers sont faits pour la tendresse,
L'Amour se plaît à regner sur nous.
Nos cœurs qu'il blesse
Joüissent sans cesse
Des biens les plus doux,
Aimons tous.

Dans nos bois
Ce Dieu punit l'inconstance,
Et ses loix
Y sont faites par l'innocence
Qui fait nos choix ;
Heureux qui l'écoute !
Charmé des plaisirs qu'il goute,
Un Berger constant aime sans détour,
Jamais il ne coute
Qu'un seul trait à l'Amour.

II. BERGERE.

Bergers qu'assemble un si beau jour,
Chantez, aimez dans ces retraittes,
Vos cœurs & vos musettes
Ne sont dûs qu'à l'Amour ;
Echos de ces Bocages
Répetez leurs chansons ;
Rossignols à leurs tendres sons
Meslez vos doux ramages.

ISMENE.

Tendre amour dans nos bois heureux,
Tu ne trouve pas de rebelles,
Les Bergers qu'enchaînent tes nœuds
Sont tes Sujets les plus fideles.

Loin de jamais nous allarmer
Du bruit de la raison severe,
Nous ne demandons pour aimer
Que l'aveu du Dieu de Cythere,
    Tendre amour dans nos bois heureux,
Tu ne trouve pas de rebelles,
Les Bergers qu'enchaînent tes nœuds
Sont tes Sujets les plus fideles.

On termine le Divertissement par des Danses.

QUATRIÉME ENTRÉE
L'ESTIME

Le Theatre represente les Jardins du Palais de Julie.

SCENE PREMIERE.

JULIE, ALBINE.

ALBINE.

CE jour vous asservit à mille soins divers,
Cachez votre tristesse extrême.
Tandis qu'Auguste en paix gouverne l'Univers,
Sa Fille ne sçauroit regner sur elle-même !
Rome par d'aimables concerts
Renouvelle les Jeux & la Réjoüissance
Que fit éclore ici votre heureuse naissance.

Préparez-vous aux Jeux qui vous seront offerts,
Feignez du moins...

JULIE.

Non, non je ne sçaurois plus feindre
Albine, c'est trop me contraindre ;
Je veux connoître Ovide & pénétrer son cœur,
Je veux connoître enfin son heureuse Corine ;

C'est en vain qu'il s'obstine
A nous cacher toujours l'objet de son ardeur.

ALBINE.

Craignez de découvrir votre secrette flâme,
Ah ! deviez-vous la ressentir jamais ?

JULIE.

Dieux ! quels reproches tu me fais !
Quand le Fils de Venus triompha de mon ame,
Ne sçais-tu pas qu'il me cachoit ses traits ?

L'Amour charmé de me surprendre
Sous le nom de l'Estime, a séduit ma fierté,
En le reconnoissant j'ai voulu m'en défendre,
Mon cœur étoit déja dompté.

ALBINE.

Quelque soin que l'Amour prenne ;

Quand il veut se déguiser,
On le reconnoît sans peine.
    Ce Dieu ne peut amuser
Qu'un cœur épris de sa chaîne,
Et qui cherche à s'abuser.
    Quelque soin que l'Amour prenne
Quand il veut se déguiser
On le reconnoît sans peine.

JULIE.

Vole, descens des Cieux, Amour vainqueur charmant.
    Par une nouvelle victoire,
Triomphe de l'objet qui cause mon tourment,
    Vange mon cœur, vange ta gloire.

Tu dois recompenser les plus tendres soupirs,
Et cependant, helas! dans un autre esclave
    Tu souffres l'Amant qui m'engage!
    Amour, fais changer ses désirs
Pour cesser d'être ingrat qu'il devienne volage.

ALBINE

Souvenez-vous d'Auguste & que son trône un jour...

JULIE.

C'est un Romain pour qui mon cœur soupire.

La liberté semblable au tendre amour
Egaloit autrefois dans cet heureux séjour
    Tous les mortels soumis à son Empire.

    Eh! comment ne pas m'enflâmer ?
Ovide est favori de la Cour de Cythere,
    Nous tenons de lui l'art d'aimer,
    Il sçait encor mieux l'art de plaire.
    Eh ! comment ne pas m'enflâmer ?

ALBINE.

Il approche, craignez de trahir votre flâme.

JULIE *s'écartant.*

Tâchons de découvrir le secret de son ame,
    Et quels attraits l'ont sçu charmer ?

SCENE II.

OVIDE *seul.*

Deguisez-bien mon cœur le feu qui vous de-
        vore,
Craignez que les Echos n'apprennent vos soupirs,
    Et vous volez jeunes Zephirs,
Annoncez dans ces lieux la beauté que j'adore.
                 Helas !

Hélas! quand je la vois que mon sort est heureux!
Sa presence est le prix de mes tendres allarmes :
    Admirer en secret ses charmes
Est l'unique faveur que prétendent mes vœux.

Deguisez-bien mon cœur le feu qui vous dévore,
Craignez que les Echos n'apprennent vos soupirs,
    Et vous volez jeunes Zephirs
Annoncez dans ces lieux la beauté que j'adore.

SCENE III.
OVIDE, JULIE.

JULIE.

Venez-vous chercher dans ma Cour
L'objet inconnu qui vous blesse ?

OVIDE.

C'est à notre auguste Princesse
Que je dois seulement consacrer ce beau jour.

Je suis chargé des Jeux que Rome vous apprête.

JULIE.

Tandis qu'on dispose la fête
Voudrez-vous contenter un desir curieux ?
Votre ardeur trop long-tems au silence s'obstine,
Apprenez-moi quelle est cette aimable Corine
Que vous cachez à tous les yeux.

OVIDE.

Ah ! Princesse, épargnez un Amant déplorable,
Que lui demandez-vous ? ô Dieux !
Il est assez coupable.

Fidelle au tendre Amour j'ai publié ses loix,
J'ai secondé ses doux exploits ;
Par mes soins plus d'un cœur rebelle
A Paphos offre son encens ;
Helas ! une peine éternelle,
Des soupirs étouffez, des regrets impuissans
Sont l'unique prix de mon zele.

JULIE.

Vous me cachez le sort de vos tendres desirs,
Quelle beauté pourroit mépriser les soupirs
D'Ovide amoureux & fidelle ?

OVIDE.

La beauté que j'ose adorer

Ne ſçait pas encor mes allarmes,
Et doit toujours les ignorer.

JULIE.

Pourquoi dérober à ſes charmes
Le ſeul tribut qui peut les honorer !

De la beauté qu'on aime eſt-ce offenſer la gloire
Que de parler de ſon ardeur ?
Non, chaque fois qu'on nomme ſon Vainqueur
On renouvelle ſa victoire.

OVIDE.

Dieux ! quels combats vous me livrez !

JULIE.

Les beaux yeux que vous adorez
Sont trahis par votre ſilence.
Que ſervent à leur puiſſance
Des triomphes ignorez ?

OVIDE.

Ils font à chaque inſtant cent conquêtes plus belles.
De cet objet divin tout reſſent le pouvoir ;
On éprouve en l'aimant que tous les cœurs fidelles
Ne doivent pas leur conſtance à l'eſpoir.

La grandeur de ſon rang reçoit plus d'un hommage,
Qu'on n'oſe qu'en ſecret offrir à ſes appas ;

Mille Amours déguiſez qui volent ſur ſes pas,
Du timide reſpect empruntent le langage.

JULIE.

Ah ! ne me cachez plus le nœud qui vous engage,
Nommez-moi la beauté qui vous a ſçu charmer.

OVIDE.

Vous peindre ſes attraits, n'eſt-ce pas la nommer ?

JULIE.

Vous me déguiſez bien ce que je veux apprendre,
Je ne prétens pas vous gêner.

OVIDE.

Vous feignez vainement de ne me pas comprendre,
Quel ſupplice à mon crime allez-vous ordonner ?

JULIE.

Feindre de ne le pas entendre,
N'eſt-ce pas vous le pardonner ?

Je ſçai quelle eſt votre Corine,
Par des ſoupirs diſcrets prouvez-lui vôtre ardeur ;
Je me charge du ſoin d'inſtruire votre cœur,
Du prix que le ſien vous deſtine.

OVIDE.

Ah ! que mon fort eſt doux & glorieux !

On entend un prélude qui annonce le Divertiſſement.

JULIE.

Contraignez les tranſports que vous faites paroître,
On annonce la fête, il faut quitter ces lieux ;
Cachez toujours Corine à tous les yeux,
Je prétens ſeule la connoître.

SCENE DERNIERE.

*Le Théatre change & repreſente un grand Sallon du Palais
de Julie, rempli de Peuples differens, Spectateurs de la
Fête. Julie arrive & ſe place ſur un Trône.*

JULIE, ALBINE, OVIDE, *ſuite de la Princeſſe*
HABITANS *de l'Iſle de Chypre,* INDIENS,
SCITHES.

OVIDE.

RAſſemblez-vous Peuples divers,
Qui partagez le ſort de l'heureuſe Italie,
Si Mars aux loix d'Auguſte a ſoumis l'Univers
L'Amour le ſoumet à Julie.
Venez, venez accourez tous,
Chantez un empire ſi doux.

CHOEUR.

Que le nom de notre Princesse
Vole aussi loin que les amours.
Ses charmes triomphent sans cesse,
Il faut les celebrer toujours :
Que le nom de notre Princesse
Vole aussi loin que les amours.

UN HABITANT *de l'Isle de Chypre.*

Nous venons de ces beaux rivages
Dont en tous lieux les charmes sont connus;
Nous vous apportons des hommages
Que nous n'avions encor presentez qu'à Venus.

L'Amour est seur de la victoire
Quand vos yeux secondent ses coups.
Les traits qu'il emprunte de vous
Ne trahissent jamais sa gloire.

Que feroit-il sans vos appas ?
Sans cesse il vole sur vos traces;
Vous avez de nouvelles Graces,
Que Cythere ne connoît pas.

L'Amour est seur de la victoire
Quand vos yeux secondent ses coups.
Les traits qu'il emprunte de vous
Ne trahissent jamais sa gloire.

UN INDIEN.

Vous brillez plus que l'Aurore
Qui naît dans notre féjour.
Et nous croyons être encore
Au lever du Dieu du jour.
Vous brillez plus que l'Aurore
Qui naît dans notre féjour.

UN SCITHE.

L'Amour dans nos climats n'avoit rien à prétendre,
   Nos cœurs contre lui prévenus
A fon pouvoir charmant refufoient de fe rendre
Et nous adorions Mars fans connoître Venus.
Contre les plus beaux yeux nous fçavions nous dé-
   fendre,
   Bellone nous occupoit tous.
   Vos attraits ont fçu nous apprendre
   Qu'il eft des Triomphes plus doux...

CHOEUR *des Habitans de l'Ifle de Chypre.*

Chantons, chantons fans ceffe
Notre aimable Princeffe.

INDIENS.

Que les Ris, que les Jeux raffemblez par l'Amour
Apprenent fes attraits aux Echos de Cythere.

Qu'il celebre autant ce beau jour
Que la naiſſance de ſa Mere.

*Tous les Chœurs réünis répetent ces Vers, & finiſſent
le Divertiſſement.*

F I N.

A P P R O B A T I O N.

J'Ai lû par ordre de Monſeigneur le Chancelier, *Les Amours
Deguiſez, Balet* ; & j'ai crû que le Public le recevroit avec
plaiſir. Fait à Paris ce 17. Decembre 1713.

D A N C H E T.